VEGAN

BACKEN

Berlin, 2012.
Neun Zehn

INHALT

BASICS

ERDBEERKONFITÜRE

Erdbeeren waschen, pürieren und mit dem Zucker vermengen. In einem Topf unter ständigem Rühren ca. 15 Minuten köcheln lassen. **Agar Agar** im Wasser auflösen, zu den Erdbeeren geben und nochmals 2 Minuten köcheln lassen. In vorbereitete Gläser (Gläser und Deckel mit kochendem Wasser ausspülen) geben und gut verschließen.

· 1000 G ERDBEEREN
· 500 G VOLLROHRZUCKER
· 5 G AGAR AGAR
· 100 ML WASSER

APRIKOSEN- & ERDBEERKONFITÜRE

APRIKOSENKONFITÜRE

Aprikosen waschen, entsteinen und klein schneiden. Mit dem Zucker vermengen und in einem Topf unter ständigem Rühren ca. 20 Minuten köcheln lassen. **Agar Agar** in Wasser auflösen, zu den Aprikosen geben und nochmals 2 Minuten köcheln lassen. In vorbereitete Gläser (Gläser und Deckel mit kochendem Wasser ausspülen) geben und gut verschließen.

· 1000 G APRIKOSEN
· 500 G VOLLROHRZUCKER
· 8 G AGAR AGAR
· 100 ML WASSER

HIMBEERLIKÖR

Himbeeren waschen, pürieren und mit Wein und Zucker aufkochen. **Vanillezucker** und Rum unterrühren. Das Püree durch ein Tuch drücken (oder ein sehr feines Sieb), in Flaschen füllen und gut verschließen.

TIPP: Für Heidelbeerlikör Himbeeren durch Heidelbeeren ersetzen.

· 500 G HIMBEEREN
· 250 G VOLLROHRZUCKER
· 500 ML WEISSWEIN
· 125 ML RUM (38%)
· 100 ML RUM (60%)
· 1 PACKUNG VANILLEZUCKER

HOLUNDERDICKSAFT

Wasser abkochen und auskühlen lassen. **Zitronensäure** unterrühren und die Holunderblüten hinzu geben. **Zitronen** und Orangen auspressen, unter den Saft mengen und zugedeckt 24 Stunden stehen lassen. **Zucker** gut einrühren und den Saft durch ein Sieb schütten. Dicksaft in Flaschen füllen und mit Schraubverschluss versehen.

· 4 L WASSER
· 100 G ZITRONENSÄURE
· 25 HOLUNDERBLÜTEN
· 6 ZITRONEN
· 6 ORANGEN
· 4000 G ZUCKER

KEKSE, PRALINEN & KLEIN=GEBÄCK

EN

CKSAFT

FRÜCHTE BROT

12 STÜCK A 400 G

Mandeln in einem Topf mit Wasser kurz aufkochen lassen, mit kaltem Wasser abschrecken und die Haut abziehen. **Datteln** entkernen und fein schneiden, Zitronat, Orangeat und Pflaumen schneiden. **Birnen** in ¾ l Wasser kochen, bis sie weich sind und herausheben. Danach die **Feigen** vom Stängelansatz befreien und im selben Wasser kochen, anschließend herausheben. **Alle Früchte** und die ganzen Walnüsse in eine große Schüssel geben, Wasser und Rum hinzugeben und alles gut durchmischen. Mit Alufolie bedecken und über Nacht ziehen lassen. Tags darauf mit **Roggenteig** sehr gut vermischen, 2 cm hohe Brote formen, mit Zuckerwasser bestreichen und mit Mandeln dekorieren. 40 – 45 Minuten bei ca. 180°C auf der 3. Schiebeleiste von unten backen .

TIPP: Zum Aufbewahren am besten einzeln in Frischhaltefolie wickeln und kühl und trocken lagern.

- 200 G GETROCKNETE APRIKOSEN
- 300 G DATTELN
- 500 G ROSINEN
- 500 G WALNÜSSE
- 250 G GETROCKNETE BIRNEN
- 750 G GETROCKNETE FEIGEN
- 500 G GETROCKNETE PFLAUMEN
- 200 G ZITRONAT
- 200 G ORANGEAT
- 1250 G ROGGENBROTTEIG (SIEHE REZEPT SEITE 72 OHNE FENCHEL, ANIS UND KÜMMEL)
- 200 ML RUM
- 400 G ABGEZOGENE MANDELN ZUM VERZIEREN
- 1 EL ZUCKER AUFGELÖST IN 100 ML WASSER

LEBKUCHEN

CA. 40 STÜCK

●

Agavensirup, Vollrohrzucker und Margarine in einem Kochtopf auf niedriger Stufe zergehen lassen und dabei immer gut rühren. Vom Herd nehmen, die restlichen Zutaten hinzugeben, gut durchkneten und zu einem großen Laib formen. In eine mit Mehl bestäubte Schüssel geben , mit einem Geschirrtuch zudecken und über Nacht rasten lassen. Am darauffolgenden Tag portionsweise auf einem mit Mehl bestäubten Nudelbrett Teig ½ cm dick ausrollen und mit Formen Plätzchen ausstechen. Plätzchen vorsichtig auf das mit Backpapier ausgelegte Backblech legen, mit Sojasahne bestreichen und mit Nüssen verzieren. 10 – 12 Minuten bei ca. 200 °C auf der mittleren Schiebeleiste backen.

TIPP: Zum Aufbewahren Lebkuchen mit einem Apfel in eine Blechdose geben – die Plätzchen werden und bleiben weich und saftig.

· 500 G ROGGENMEHL
· 250 G VOLLROHRZUCKER
· 100 G AGAVENSIRUP
· 100 G MARGARINE
· 1 TL GEMAHLENER ZIMT
· ½ TL GEMAHLENE NELKEN
· ¼ T GEMAHLENER KARDAMON
· 1 ½ TL NATRON
· 1/8 L SOJAMILCH

GLASUR:
· 100 ML SOJASAHNE
· 100 G WEISSE MANDELN
· 50 G PINIENKERNE

MÜRBE PLÄTZCHEN

CA. 50 STÜCK

Alle Zutaten miteinander zu einem geschmeidigen Teig verkneten. In Alufolie wickeln und ca. 1 Stunde im Kühlschrank rasten lassen. Ein Backbrett mit **Mehl** bestäuben, ebenso das Nudelholz, den Teig ausrollen und Plätzchen ausstechen. Diese auf ein mit Backpapier ausgelegtes Backblech legen und auf der mittleren Schiebeleiste bei 200 °C ca. 10 – 12 Minuten backen. **Schokolade** und **Kokosfett** über Wasserbad schmelzen lassen und die Hälfte der Plätzchen darin tauchen. Auf Alufolie legen und trocknen lassen.

· 200 G FEINES WEIZENMEHL
· 90 G PUDERZUCKER
· 50 G KALTE MARGARINE
· 1 MESSERSPITZE NATRON
· 1 EL SOJAMILCH
· 1 EL SOJASAHNE
· 1 EL SPRUDELWASSER
· 50 G DUNKLE SCHOKOLADE
· 1 TL KOKOSFETT

NUSS KRÄNZCHEN

CA. 40 STÜCK / 20 DOPPELKEKSE

Das **Mehl** mit dem Backpulver sieben und mit den restlichen Zutaten zu einem geschmeidigen Teig verkneten. Den Teig in Alufolie wickeln und ca. 1 Stunde im Kühlschrank rasten lassen. Auf einem bemehlten Backbrett mit dem bemehlten Nudelholz den Teig ca. 3-4 Millimeter ausrollen und Ringe ausstechen. Diese vorsichtig mit einem Messer auf das mit Backpapier ausgelegte Backblech legen, mit **Sojasahne** bestreichen und mit gehackten **Nüssen** bestreuen. Bei 200 °C auf der mittleren Schiebeleiste ca. 10 – 15 Minuten backen. Die Nüsse sollen nicht zu dunkel werden, da sie sonst bitter schmecken. Jeweils ein Kränzchen mit Konfitüre bestreichen und mit einem zweiten zusammensetzen.

- 125 G SEHR FEINES DINKELMEHL
- 2 EL AGAVENSIRUP
- 50 G KALTE MARGARINE
- ½ MOKKALÖFFEL WEINSTEINBACKPULVER
- 30 G GEMAHLENE HASELNÜSSE
- 3 EL REISMILCH
- 100 G GEHACKTE ABGEZOGENE MANDELN
- ETWAS SOJASAHNE ZUM BESTREICHEN
- 100 G KONFITÜRE NACH WAHL

GEFÜLLTE STERNE UND HERZEN

CA. 5 DOPPELHERZEN UND 5 DOPPELSTERNE

Mehl mit Backpulver sieben und mit den übrigen Zutaten zu einem geschmeidigen Teig verkneten. In Alufolie wickeln und für ca. 1 Stunde im Kühlschrank rasten lassen. Auf einer bemehlten Arbeitsfläche den Teig mit dem Nudelholz ca. 3 Millimeter ausrollen und Sterne und Herzen ausstechen. Bei jeweils 5 Plätzchen in der Mitte einen kleinen Stern bzw. ein kleines Herz ausstechen. Die Plätzchen vorsichtig mit einem Messer auf das mit Backpapier ausgelegte Backblech legen und bei 200 °C auf der mittleren Schiebeleiste ca. 10 -12 Minuten goldgelb backen. Die **Konfitüre** unter Rühren in einem Topf erhitzen und die Unterteile der Plätzchen damit bestreichen. Die Oberteile vor dem Aufsetzen mit **Puderzucker** besieben.

- 125 G SEHR FEINES DINKELMEHL
- 1 TL WEINSTEINBACKPULVER
- 40 G PUDERZUCKER
- 1 TL VANILLEZUCKER
- 50 G KALTE MARGARINE
- 1 EL ZITRONENSAFT
- GERIEBENE SCHALE VON EINER ½ ZITRONE
- JE 3 EL ERDBEER- UND APRIKOSENKONFITÜRE
- ETWAS PUDERZUCKER ZUM BESIEBEN

NOUGAT KIPFERLN

CA. 30 STÜCK

●

Margarine mit Nougat verkneten und Reismilch, Vanillinzucker und Salz dazu geben. Das **Mehl** mit dem Backpulver Schritt für Schritt darüber sieben und mit der Nougatmasse zu einem geschmeidigen Teig verkneten. Daraus eine Kugel formen und in Alufolie gewickelt ca. 1 Stunde im Kühlschrank ruhen lassen. Aus dem Teig eine Rolle mit ca. 2 cm Durchmesser formen und ca. 1 cm dicke Scheiben herunter schneiden. Daraus kleine Kipferln formen (Hände sollten kühl sein!) und diese vorsichtig auf ein mit Backpapier ausgelegtes Backblech legen. Im vorgeheizten Backofen bei 180°C ca. 15 Minuten auf mittlerer Schiebeleiste backen (nicht zu dunkel werden lassen, sonst werden sie bitter!). Die Kipferln vorsichtig mit einem Messer auf ein Kuchengitter zum Auskühlen geben. Sie brechen sehr leicht, solange sie noch warm sind. **Schokolade** und Kokosfett über Wasserbad schmelzen lassen und die Enden der Kipferln darin tauchen. Auf Alufolie legen und aushärten lassen, bevor man sie zur Aufbewahrung in eine Dose gibt.

· 50 G WEICHE MARGARINE
· 100 G NOUGAT
· 1 PACKUNG VANILLINZUCKER
· 1 PRISE SALZ
· 150 G SEHR FEINES DINKELMEHL
· ¼ TL WEISTEINBACKPULVER
· 3 EL REISMILCH
· 50 G DUNKLE SCHOKOLADE
· 1 TL KOKOSFETT ODER MAISKEIMÖL

VANILLE KIPFERLN

CA. 40 STÜCK

•

Zutaten zügig zu einem geschmeidigen Teig verkneten. Diesen in Alufolie wickeln und ca. 2 Stunden im Kühlschrank rasten lassen. Teig portionsweise zu fingerdicken Rollen formen. Diese in ca. 4 cm lange Stücke schneiden und zu Hörnchen biegen. **Kipferln** vorsichtig mit einem Messer auf das mit Backpapier ausgelegte Backblech legen und bei 190 °C ca. 10 Minuten auf der mittleren Schiebeleiste goldgelb backen. **Puderzucker** mit Vanillinzucker mischen und die noch heißen Kipferln großzügig besieben. Erst wenn sie ausgekühlt sind vom Backblech heben, sonst brechen sie.

- 140 G SEHR FEINES DINKELMEHL
- 40 G PUDERZUCKER
- 50 G ABGEZOGENE, GERIEBENE MANDELN
- 100 G KALTE MARGARINE
- 1 PRISE SALZ
- 2 EL REISMILCH
- 2 EL PUDERZUCKER UND
- 2 EL VANILLINZUCKER ZUM BESIEBEN

RoHKost

KNUSPERNÜSSE

10 STÜCK

Zucker in einem Topf erhitzen bis er zähflüssig wird. Jeweils eine Mandel, eine Walnuss, eine Haselnuss und eine Macademianuss darin schwenken. Alle vier Nüsse gemeinsam mit einem Teelöffel auf ein vorbereitetes Backpapier geben und erstarren lassen.

· 10 ABGEZOGENE MANDELN
· 10 WALNÜSSE
· 10 HASELNÜSSE
· 10 MACADEMIANÜSSE
· 125 G ZUCKER

SCHOKOLADENTALER

JE 10 STÜCK (DUNKLE SCHOKOLADE)

Aprikosen halbieren und **Ananas** in 10 gleich große Teile schneiden. **Kuvertüre** über Wasserbad schmelzen lassen und einen Teelöffel davon auf ein mit Alufolie ausgelegtes Schneidbrett geben. Schokolade etwas aus- kühlen lassen und kurz vor dem Erstarren jeweils eine **Mandel**, eine **Walnuss**, eine halbe Aprikose und ein Stück Ananas darauf verteilen. Erst wenn die Scho- kolade wieder richtig hart ist, vorsichtig von der Folie ziehen.

· 10 ABGEZOGENE MANDELN
· 10 WALNÜSSE
· 5 GETROCKNETE APRIKOSEN
· 1 KANDIERTE ANANASSCHEIBE
· 125 G ZARTBITTER KUVER- TÜRE (80 %)

SCHOKOLADENTALER   GEFÜLLTE DATTELN   KNUSPERNÜSSE

GEFÜLLTE DATTELN
10 STÜCK

Datteln entkernen und mit jeweils einer Walnuss füllen. **Kuvertüre** über Wasserbad schmelzen lassen und die gefüllten Datteln zur Hälfte darin tauchen. Auf Alufolie legen, bis die Schokolade wieder erstarrt ist.

· 10 GETROCKNETE DATTELN
· 10 WALNÜSSE
· 125 G ZARTBITTER KUVERTÜRE (80 %)

FRÜCHTESPIESSE
10 STÜCK

Ananas in 10 gleich große Teile schneiden. Holzspieße halbieren und jeweils eine Erdbeere, eine Aprikose, eine Pflaume, ein Stück Ananas darauf stecken. **Kuvertüre** über Wasserbad schmelzen lassen und nacheinander Früchtespieße darin zur Hälfte tauchen. Auf Alufolie legen bis die Schokolade wieder erstarrt ist.

· 10 GETROCKNETE PFLAUMEN
· 10 KANDIERTE ERDBEEREN
· 10 GETROCKNETE APRIKOSEN
· 1 KANDIERTE ANANASSCHEIBE
· 125 G SOJA KUVERTÜRE (40 %)
· 5 HOLZSPIESSE

HIMBEER PRALINEN

CA. 25 STÜCK

Himbeeren auftauen lassen und mit Zucker und Agar Agar in einem Topf unter ständigem Rühren 2 Minuten aufkochen lassen. Danach auskühlen lassen und mit Himbeerlikör vermengen. **Zartbitterkuvertüre** über Wasserbad schmelzen lassen. Jeweils einen Teelöffel davon in Metallmanschette geben, diese durch Schwenken damit auskleiden (Schokolade darf nicht zu warm sein!) und umgedreht auf Gitter auskühlen lassen. Manschetten mit **Himbeermasse** ca. ¾ hoch befüllen. **Weiße Schokolade** und Hafersahne über Wasserbad schmelzen lassen und die Förmchen bis zum Rand anfüllen. **Erdbeeren** in dünne Streifen schneiden und kurz vor dem Aushärten der Schokolade jeweils ein Stück als Dekoration darauf setzen. In einer verschlossenen Dose im Kühlschrank aufbewahren.

· 100 G HIMBEEREN (GEFROREN)
· 50 G ZUCKER
· 1 GEHÄUFTER TL AGAR AGAR
· 1 TL HIMBEERLIKÖR
· 80 G WEISSE REISMILCHSCHOKOLADE
· 2 TL HAFERSAHNE
· 100 G ZARTBITTER KUVERTÜRE (80 %)
· 5 KANDIERTE ERDBEEREN
· 25 METALLMANSCHETTEN

LIKÖRPRALINEN

Zartbitterkuvertüre über Wasserbad schmelzen lassen. Jeweils einen Teelöffel davon in Metallmanschette geben, diese durch Schwenken damit auskleiden (Schokolade darf nicht zu warm sein!) und umgedreht auf Gitter auskühlen lassen. **Reismilchschokolade** und Hafersahne über Wasserbad schmelzen lassen. **Margarine** mit dem gesiebten Puderzucker schaumig rühren. Löffelweise die warme Schokolade dazugeben und den Orangenlikör beimengen. Alles gut mit Teelöffel kräftig verrühren, bis eine cremige und homogene Masse entsteht. **Likörmasse** ca. 30 Minuten im Kühlschrank abkühlen lassen und anschließend ¾ hoch in Manschetten füllen. Restliche Kuvertüre erneut über Wasserbad schmelzen lassen und die Förmchen bis zum Rand anfüllen. **Dunkle Schokolade** mit scharfem Messer schneiden und kurz vor dem Aushärten der Schokolade jeweils einige Schokoladenstücke als Dekoration darauf setzen. In einer verschlossenen Dose im Kühlschrank aufbewahren.

- 50 G WEISSE REISMILCHSCHOKOLADE
- 2 TL HAFERSAHNE
- 2 TL PUDERZUCKER
- 2 TL WEICHE MARGARINE
- 1 EL ORANGENLIKÖR
- 100 G ZARTBITTER KUVERTÜRE
- ETWAS DUNKLE SCHOKOLADE (80%)
- 25 METALLMANSCHETTEN

RUM KUGELN

CA. 20 STÜCK

Mandeln und **Walnüsse** fein mahlen. **Dunkle Schokolade** über Wasserbad schmelzen lassen, mit Rum und Amaretto vermengen. Nüsse dazugeben und alles gut verrühren. **Margarine** mit dem gesiebten Puderzucker schaumig rühren und löffelweise zur Schokoladenmasse geben. Aus ca. einem Teelöffel Masse jeweils eine kleine Kugeln formen und diese dann in einer Schüssel mit Kakao in kreisförmigen Bewegungen schwenken. Im Kühlschrank auskühlen lassen, anschließend in Metallmanschetten geben und mit restlichem Kakao besieben. In einer verschlossenen Dose im Kühlschrank aufbewahren.

- 40 G ABGEZOGENE MANDELN
- 20 G WALNÜSSE
- 50 G DUNKLE SCHOKOLADE (75%)
- 2 TL RUM (38%)
- 1 TL AMARETTO
- 30 G MARGARINE
- 4 TL PUDERZUCKER
- 50 G KAKAO
- 20 METALLMANSCHETTEN

HEIDELBEER-CAKEPOPS

CA. 14 STÜCK A 25 G

Biskuit und **Mürbe Kekse** in einer Schüssel aufbröseln und gut vermengen. **Konfitüre**, weiche Margarine und Likör dazugeben und zu einer homogenen Masse verkneten. Daraus Kugeln mit einem Durchmesser von ca. 2 cm formen. **Schokolade** über Wasserbad schmelzen lassen. Holzspieß ca. 1 cm tief darin eintauchen, vorsichtig in die Kugel stecken, auf einen Teller geben und im Kühlschrank aushärten lassen. Anschließend Schokolade erneut schmelzen lassen und die Cakepops vorsichtig darin schwenken. Abkühlen lassen und Vorgang ein weiteres Mal wiederholen. Cakepops in einen Blumensteckschwamm stecken und in den Kühlschrank stellen. Für die Dekoration aus **Fondant** Blüten ausstechen und diese mit ganz wenig Wasser darauf setzen.

Holzspieß auf die gewünschte Länge kürzen und Manschette mit Satinband daran befestigen. Im Kühlschrank aufbewahren.

· 120 G BISKUIT (REZEPT S. 54)
· 45 G MÜRBE KEKSE (REZEPT S. 12)
· 3 TL HEIDELBEERKONFITÜRE
· 2 TL HALBFETTMARGARINE
· 3 TL HEIDELBEERLIKÖR (REZEPT S. 5)
· 200 G WEISSE REISMILCHSCHOKOLADE
· ETWAS FONDANT
· 14 HOLZSPIESSE
· EVENTUELL 14 MUFFINS-MANSCHETTEN UND SATINBAND

NUSSNOUGAT CAKEPOPS

CA. 14 STÜCK A 25 G

Biskuit in einer Schüssel aufbröseln und mit Mandeln, Schokolade und Nougat gut vermengen. Zartbitterkuvertüre über Wasserbad schmelzen lassen, 8 Tl davon zur Nussnougatmasse geben und alles zu einer homogenen Masse verkneten. Daraus Kugeln mit einem Durchmesser von ca. 2 cm formen. Holzspieße ca. 1 cm tief in flüssiger Kuvertüre eintauchen, vorsichtig in die Kugel stecken, auf einen Teller geben und im Kühlschrank aushärten lassen. Anschließend Schokolade erneut schmelzen lassen und die Cakepops vorsichtig darin schwenken. Zum Aushärten in einen Blumensteckschwamm stecken und in den Kühlschrank stellen. Für die Dekoration aus **Fondant** Blüten ausstechen und diese mit ganz wenig Wasser darauf setzen. Mit geschmolzener weißer Schokolade verzieren. **Holzspieß** auf die gewünschte Länge kürzen und Satinband daran befestigen. Im Kühlschrank aufbewahren.

· 200 G BISKUIT (REZEPT S. 54)
· 20 G GEHACKTE, ABGEZOGENE MANDELN
· 20 G GERASPELTE DUNKLE SCHOKOLADE
· 100 G NUSSNOUGAT
· 200 G ZARTBITTERKUVERTÜRE (80%)
· ETWAS WEISSE REISMILCHSCHOKOLADE
· ETWAS FONDANT
· 14 HOLZSPIESSE
· EVENTUELL SATINBAND

HIMBEEREIS HERZEN

8 STÜCK

Dinkelmehl mit Backpulver sieben und mit den restlichen Zutaten rasch zu einem Teig verkneten. In Alufolie wickeln und 1 Stunde im Kühlschrank rasten lassen. Auf einer bemehlten Arbeitsfläche den Teig ca. 2-3 mm dick ausrollen und 16 Herzen ausstechen. Auf ein mit Backpapier belegtes Backblech geben und im vorgeheizten Backofen bei 200 °C auf der mittleren Schiebeleiste 10 – 12 Minuten backen. Für das **Himbeereis** Himbeeren pürieren und mit den restlichen Zutaten vermengen. Kastenform mit Plastikfolie auslegen, das Himbeerpüree einfüllen und für 6 Stunden in das Gefrierfach geben. **Rosa Fondant** auf einem mit Puderzucker besiebten Backpapier mit einem mit Puderzucker bestreuten Nudelholz ca. 2 mm dick ausrollen und 8 Herzen ausstechen. 8 Keksherzen mit **Himbeerkonfitüre** dünn bestreichen und Fondantherzen vorsichtig darauf setzen. Das Eis aus der Kastenform stürzen, Folie abziehen und in 8 gleich breite Scheiben schneiden. Aus jeder Scheibe ein Herz ausstechen. Diese auf jeweils ein Keksherz setzen und mit dem Fondant-Keksherz bedecken. Sofort servieren und verzehren.

TEIG:
- 125 G SEHR FEINES DINKELMEHL
- 1 TL WEINSTEINBACKPULVER
- 40 G FRUCHTZUCKER
- 1 TL VANILLINZUCKER
- 1 TL ABGERIBENE ZITRONENSCHALE
- 1 EL ZITRONENSAFT
- 1 EL WASSER
- 1 EL SOJASAHNE
- 50 G MARGARINE

HIMBEEREIS:
- 400 ML REISSAHNE
- 500 ML REISMILCH
- 8 EL FRUCHTZUCKER
- 1 EL ZITRONENSAFT
- 600 G HIMBEEREN

- 250 G ROSA FONDANT
- ETWAS PUDERZUCKER ZUM AUSROLLEN
- ETWAS HIMBEERKONFITÜRE ZUM BESTREICHEN

VANILLE CUPCAKES

MIT WALDBEEREN

6 STÜCK

Margarine mit Zucker, Zitronenschale und Zitronensaft schaumig rühren. **Mehl**, Vanillepuddingpulver und Backpulver miteinander sieben und mit dem Sprudelwasser und der Reismilch gut unter die Zitronenmasse rühren. 6 Cupcakeförmchen befetten und bemehlen und mit dem Teig ¾ hoch befüllen. Im vorgeheizten Backrohr auf der mittleren Schiebeleiste auf den Rost stellen und bei 200 °C ca. 30 Minuten backen. Etwas auskühlen lassen und vorsichtig aus der Form stürzen. Wenn sie ausgekühlt sind, das obere Drittel mit einem scharfen Messer abschneiden. Auf die Unterteile **Sojasahne** sprühen, mit etwas **Vanillinzucker** bestreuen und mit **Beeren** ergänzen. Deckel darauf setzen und mit Sojasahne und Beeren verzieren, mit **Puderzucker** besieben und rasch verzehren.

- 200 G FEINES WEIZENMEHL
- 1 PACKUNG VANILLEPUDDINGPULVER
- 1 PACKUNG WEINSTEINBACKPULVER
- 100 G WEICHE MARGARINE
- 90 G PUDERZUCKER
- 1 TL ABGERIEBENE ZITRONENSCHALE
- 1 TL ZITRONENSAFT
- 100 ML REISMILCH
- 100 ML SPRUDELWASSER
- 250 G SPRÜHSAHNE
- 250 G GEMISCHTE WALDBEEREN
- 1 PACKUNG VANILLLINZUCKER
- ETWAS PUDERZUCKER ZUM BESTREUEN

CARAMELL CUPCAKES

MIT ERDBEEREN

6 STÜCK

Margarine mit Zucker schaumig rühren. **Mehl**, Caramellpuddingpulver und Backpulver miteinander sieben und mit dem Sprudelwasser und der Sojamilch gut unter die Masse rühren. 6 Cupcakeförmchen befetten und bemehlen und mit dem Teig ¾ hoch befüllen. Im vorgeheizten Backrohr auf der mittleren Schiebeleiste auf den Rost stellen und bei 200 °C ca. 30 Minuten backen. Etwas auskühlen lassen und vorsichtig aus der Form stürzen. Wenn sie ausgekühlt sind, das obere Viertel mit einem scharfen Messer abschneiden. Für das **Caramellgitter** Zucker in einem Topf unter ständigem Rühren goldbraun schmelzen lassen und mit einem Teelöffel auf ein Backpapier Gitter ziehen und auskühlen lassen. Auf die Unterteile **Sojasahne** sprühen, jeweils eine **Erdbeere** in Spalten schneiden und fächerförmig um die Sahne herum anordnen. Caramellgitter vorsichtig abziehen und auf die Sahne setzen. Cupcakes rasch verzehren.

· 200 G FEINES DINKELMEHL
· 1 PACKUNG CARAMELLPUDDINGPULVER
· 1 PACKUNG WEINSTEINBACKPULVER
· 90 G VOLLROHRZUCKER
· 100 ML SOJAMILCH
· 100 ML SPRUDELWASSER
· 100 G MARGARINE
· 250 G SPRÜHSAHNE
· 6 GROSSE ERDBEEREN
· 3 EL ZUCKER

TRAUBEN TÖRTCHEN

4 STÜCK (10 CM DURCHMESSER)

·

TEIG:

· 100 G WEIZENVOLLMEHL
· 25 G BUCHWEIZENMEHL
· ½ TL WEINSTEINBACKPULVER
· 1 MESSERSPITZE ZIMT
· 50 G KALTE MARGARINE
· 80 G AGAVENSIRUP

WEISSWEINCREME:

· 250 ML SOJAMILCH
· 1 PACKUNG VANILLEPUDDINGPULVER
· 1 EL SEIDENTOFU
· 1 EL HAFERSAHNE
· 1 EL WEISSWEIN

WEINGELEE:

· 1 PACKUNG TORTENGUSS KLAR
· 1 EL ZUCKER
· 125 ML WEISSWEIN
· CA. 50 BLAUE UND GRÜNE TRAUBEN
· 2 EL MANDELSTIFTE ZUM BESTREUEN

Für den Teig alle **Zutaten** zu einem geschmeidigen Teig verkneten, eine Kugel formen, in Alufolie wickeln und ca. 1 Stunde im Kühlschrank ruhen lassen. Die Förmchen mit etwas **Margarine** ausfetten und mit jeweils ¼ des Teiges befüllen. Im vorgeheizten Backofen bei 200 °C ca. 15 Minuten backen, herausnehmen, auf ein Kuchengitter stürzen und auskühlen lassen. Für die **Weißweincreme** aus Sojamilch und Vanillepuddingpulver Pudding nach Packungsanleitung zubereiten und etwas auskühlen lassen. **Seidentofu**, Hafersahne und Weißwein untermengen. Jeweils eine EL davon auf den Törtchen verteilen. **Trauben** waschen, gut abtropfen lassen und auf die Creme setzen, Mandelstifte darüber streuen. Für das **Weißweingelee** Tortenguss mit einem EL Zucker verrühren, in 125 ML Weißwein auflösen und zum Kochen bringen. 2 Minuten kochen lassen, abkühlen und kurz vor dem Gelieren über die Törtchen verteilen.

SCHOKOLADENMUFFINS

8 STÜCK

Sojajoghurt, Zucker, Vanillinzucker, Öl und Wasser vermengen. **Mehl** mit Backpulver und Kakao darüber sieben und alles zu einem Teig verrühren. Teig mit einem Esslöffel ¾ hoch in die Muffinformen geben und im vorgeheizten Backofen auf mittlerer Schiebeleiste bei 200 °C ca. 25 – 30 Minuten backen. Anschließend auf ein Kuchengitter stürzen und die Muffins in die Manschetten geben.

TIPP: Wer es fruchtig mag, kann auch vor dem Backen in jeden Muffin eine entsteinte Kirsche geben.

- 150 G SOJAJOGHURT
- 110 G VOLLROHRZUCKER
- 100 ML MAISKEIMÖL
- 60 ML WASSER
- 170 G DINKELVOLLMEHL
- 1 PACKUNG WEINSTEINBACKPULVER
- 1 PACKUNG VANILLINZUCKER
- 20 G KAKAO
- 8 PAPIERMANSCHETTEN

APFEL-ZIMT-MUFFINS

CA. 10 STÜCK

Seidentofu, Sojamilch, Öl, Apfelmus, Zimt und Zucker vermengen. **Mehl** mit Backpulver darüber sieben und alles zu einem Teig verrühren. **Apfel** halbieren, Kerngehäuse herausnehmen und dünne Spalten schneiden. Papiermanschetten in die Muffinsförmchen geben, ¾ mit Teig füllen und mit Apfelspalten belegen. Im vorgeheizten Backofen auf mittlerer Schiebeleiste bei 200 °C ca. 25 – 30 Minuten backen.

- 150 G SEIDENTOFU
- 6 EL SOJAMEHL
- 6 EL SONNENBLUMENÖL
- 90 G VOLLROHRZUCKER
- 300 G SEHR FEINES DINKELMEHL
- 4 TL WEINSTEINBACKPULVER
- 2 EL APFELMUS
- 1 TL ZIMT
- 1 APFEL
- 10 PAPIERMANSCHETTEN

NUSS KIPFERLN

CA. 24 STÜCK

Mehl mit Trockenhefe, Salz und Zucker mischen und mit den übrigen Zutaten zu einem glatten Teig verkneten. Mit dem Handmixer (Rührhaken) den Teig 20 Minuten schlagen. Zugedeckt an einem warmen Ort ca. 1 Stunde gehen lassen. In der Zwischenzeit für die Fülle **Nüsse** in der Sojamilch kurz unter Rühren aufkochen, vom Herd nehmen und mit den übrigen Zutaten gut vermischen. Teig nochmals durchkneten und auf einer bemehlten Arbeitsfläche 1 cm dick ausrollen. 10 x 10 cm große Quadrate ausschneiden und in die Mitte 1 TL Nussfülle setzen und zu einem Kipferl formen. Diese auf ein mit Backpapier ausgelegtes Backblech legen, mit **Sojasahne** bestreichen und zugedeckt nochmals 15 Minuten gehen lassen. Im vorgeheizten Backofen bei 200°C ca. 25 Minuten goldgelb backen. Auskühlen lassen und mit **Puderzucker** bestreuen.

TEIG:

· 500 G FEINES WEIZENMEHL
· 2 PACKUNGEN TROCKENHEFE
· 1 PRISE SALZ
· 1 EL ZUCKER
· 1 TL ANIS
· 1 TL ABGERIEBENE ZITRONENSCHALE
· 1 PACKUNG VANILLINZUCKER
· 80 G ZERLASSENE MARGARINE
· 375 ML LAUWARME SOJAMILCH

NUSSFÜLLE:

· 150 G GERIEBENE HASELNÜSSE
· 125 ML SOJAMILCH
· 1 EL GEHACKTE ROSINEN
· 1 EL RUM
· ½ PACKUNG VANILLINZUCKER
· 1 EL AGAVENSIRUP
· 1 TL ABGERIEBENE ZITRONENSCHALE
· 1 MESSERSPITZE ZIMT

· 100 ML SOJASAHNE ZUM BESTREICHEN
· ETWAS PUDERZUCKER ZUM BESTREUEN

WAFFELN

MIT KIRSCHKOMPOTT

CA. 24 STÜCK

WAFFELN:

- 250 ML SOJADRINK VANILLE
- 250 G SEHR FEINES DINKEL-
  ODER WEIZENMEHL
- 50 G VOLLROHRZUCKER
- 125 G MARGARINE
- 2 EL APFELMUS
- 2 TL SOJAMEHL
- 1 TL WEINSTEINBACKPULVER
- 6 EL SPRUDELWASSER
- MAISKEIMÖL FÜR
  WAFFELEISEN
- PUDERZUCKER ZUM
  BESIEBEN

KIRSCHKOMPOTT:

- 1 L WASSER
- 2 EL ZUCKER
- 500 G KIRSCHEN
- 1 KLEINE ZIMTSTANGE
- 6 GEWÜRZNELKEN

WAFFELN: **Margarine** mit Vollrohrzucker schaumig rühren und Apfelmus dazugeben. **Mehl** mit Sojamehl und Weinsteinbackpulver sieben, mit dem Sojadrink und dem Sprudelwasser abwechselnd unter die Zucker-Margarinemasse mengen. **Waffeleisen** mit Öl bepinseln und erhitzen. Mit ca. 2 EL Teig befüllen und dabei die Masse glatt streichen. Goldbraun backen und nach Geschmack mit Puderzucker besieben. Warm servieren und sofort verzehren.

KIRSCHKOMPOTT: **Kirschen** waschen und entkernen. **Zucker** in einem Topf schmelzen und goldgelb karamellisieren. **Wasser** mit Schneebesen einrühren und aufkochen lassen. **Zimtstange**, Gewürznelken und Kirschen dazu geben und ca. 15 Minuten auf niedriger Stufe kochen lassen. In eine Schüssel geben und warm oder kalt servieren.

TORTEN & KUCHEN

CHAMPAGNER HOLUNDERTORTE

2 TORTEN (16 CM DURCHMESSER, 24 CM DURCHMESSER)

Margarine mit Zucker, Vanillinzucker und Zitronenschale schaumig rühren. **Mehl** mit Maisstärke und Backpulver sieben und mit Wasser und Sojamilch zur Schaummasse geben. Alles gut verrühren. 2 Backformen mit 16 und 24 cm Durchmesser vorbereiten:

Tortenböden der Springformen auf Backpapier legen und mit einem Stift umranden. 2 cm größer ausschneiden, plan auf den Boden geben und in die Form spannen. 2/3 des Teiges in die große Form, 1/3 in die kleine Form geben und beide im vorgeheizten Backofen bei 200 °C auf mittlerer Schiebeleiste 30 Minuten backen. **Zweite Masse** ebenso zubereiten und backen. Tortenböden auskühlen lassen und jeweils einen Boden in die Springformen legen. Für das **Gelee** alle Zutaten verrühren und in einem Topf 2 Minuten aufkochen lassen, herunterkühlen und kurz vor dem Gelieren auf beiden Tortenböden verteilen. Ca. 2 Stunden im Kühlschrank fest werden lassen. Für die **Sahnecreme** Halbfettmargarine mit Vanillinzucker und Fruchtzucker schaumig rühren. Holunderdicksaft mit Agar Agar verrühren und 2 Minuten aufkochen, herunterkühlen und löffelweise unter die Zuckermasse gut einrühren. Zum Schluss die Sojasahne unterheben. Gleichmäßig bei beiden Torten auf das erkaltete Gelee verteilen. Beide Torten mit jeweils einem Tortenboden bedecken und nochmals für 6 Stunden in den Kühlschrank stellen.

TEIG, 2 MASSEN ZU JE:

· 300 G UNIVERSAL WEIZENMEHL
· 60 G MAISSTÄRKE
· 24 G WEINSTEINBACKPULVER
· 150 G PUDERZUCKER
· 2 PACKUNGEN VANILLINZUCKER
· 150 G WEICHE MARGARINE
· 150 ML SOJAMILCH
· 160 ML WASSER
· 1 EL ABGERIEBENE ZITRONENSCHALE

CHAMPAGNER-HOLUNDERGE-LEE:

· 400 ML CHAMPAGNER
· 8 EL HOLUNDERDICKSAFT
· 2 EL FRUCHTZUCKER
· 18 G AGAR AGAR
· 200 G APRIKOSENKONFITÜRE

HOLUNDERSAHNECREME

· 120 G HALBFETTMARGARINE
· 2 EL FRUCHTZUCKER
· 2 PACKUNGEN VANILLINZUCKER
· 500 G SPRÜHSAHNE
· 4 EL HOLUNDERDICKSAFT
· 10 G AGAR AGAR

Torten vorsichtig aus den Springformen nehmen und mit dem **Fondant** bedecken. Zuerst ca. die Hälfte des cremefarbenen Fondants ca. 4 mm dick auf einem mit Puderzucker besiebten Backpapier zu einem Durchmesser von ca. 40 cm ausrollen. Über das Nudelholz legen und auf die große Torte geben. Ränder unten mit einem scharfen Messer wegschneiden. Kleine Torte vorsichtig darauf setzen und ebenso verfahren. Das restliche cremefarbene und rosa Fondant zu ca. 60 cm langen und 3 cm breiten Bändern ausrollen. Mit einem Esslöffel auf einer Längsseite flachdrücken. Bänder aufrollen und von oben nach unten um die Torten wickeln. Fondantbänder mit ganz wenig Wasser darauf fixieren. **Stoffband** um den unteren Rand der großen und kleinen Torte binden und **Holunderblüte** auf die kleine Torte setzen.

WEITERE ZUTATEN:

· 500 G FONDANT CREMEFARBEN
· 250 G FONDANT ROSA
· ETWAS PUDERZUCKER ZUM AUSROLLEN
· HOLUNDERBLÜTE FÜR DEKORATION
· 1,5 M BAND CA. 2 CM BREIT

SCHOKOLADEN-MARZIPANTORTE

24 CM DURCHMESSER

Mürbeteig nach Rezept zubereiten, auf einer bemehlten Arbeitsfläche 4 mm dick ausrollen, Tortenboden der Springform darauf legen und mit einem Messer ausschneiden. Auf ein mit Backpapier belegtes Backblech legen und im vorgeheizten Bachofen auf mittlerer Schiebeleiste bei 200 °C 12 – 15 Minuten goldgelb backen. Für den **Schokoladenboden** Dinkelmehl mit Backpulver sieben und mit den übrigen Zutaten zu einem Teig verrühren.

Tortenboden der Springform auf Backpapier legen und mit einem Stift umranden. 2 cm größer ausschneiden, plan auf den Boden geben und in die Form spannen. Rand der Tortenform mit etwas Margarine befetten und mit Mehl bestäuben. Teig einfüllen und im vorgeheizten Backofen bei 200 °C auf mittlerer Schiebeleiste 30 Minuten backen. Torte auskühlen lassen. **Marzipan**, Puderzucker und Amaretto verkneten. Auf einem Packpapier ausrollen, Tortenboden der Springform auflegen und mit einem Messer ausscheiden. Mürbteigboden in die Springform geben, mit **Preiselbeerkonfitüre** bestreichen, Schokoladenboden darauf legen und mit der Marzipanschicht bedecken. Für die **Schokoladencreme** Wasser mit Fruchtzucker kurz aufkochen. In einem zweiten Topf Sojasahne und Agar Agar kurz aufkochen, vom Herd nehmen und die geriebene Schokolade unter Rühren darin schmelzen lassen. Das Zuckerwasser unterrühren. Im kalten Wasserbad abkühlen lassen und vor dem Festwerden auf der Marzipanschicht verteilen. Für 12 Stunden in den Kühlschrank stellen. **Dunkle Schokolade** mit einem scharfen Messer in Späne schneiden und auf der Torte verteilen.

MÜRBTEIGBODEN:
· SIEHE ZUTATEN HIMBEER-EIS-HERZEN (S. 34)

SCHOKOLADENBODEN:
· 150 G SEHR FEINES DINKELMEHL
· 80 G VOLLROHRZUCKER
· ½ PACKUNG WEINSTEINBACKPULVER
· 100 ML SOJAJOGHURT
· 60 ML ÖL
· 50 ML WASSER
· 20 G KAKAO

MARZIPANSCHICHT:
· 160 G MARZIPAN
· 40 G PUDERZUCKER
· ½ TL AMARETTO

SCHOKOLADENCREME:
· 500 ML SOJASAHNE
· 250 G BITTERSCHOKOLADE
· 10 G AGAR AGAR
· 50 ML WASSER
· 10 G FRUCHTZUCKER

· 5 EL PREISELBEERKONFITÜRE
· 100 G DUNKLE SCHOKOLADE FÜR DEKORATION

ERDBEERSAHNETORTE

16 CM DURCHMESSER

●

Mehl mit Backpulver sieben und mit den restlichen Zutaten gut verrühren. **Tortenboden** der Springform auf Backpapier legen und mit einem Stift umranden. 2 cm größer ausschneiden, plan auf den Boden geben und in die Form spannen. Rand der Tortenform mit etwas Margarine befetten und mit Mehl bestäuben. Die Hälfte des Teiges einfüllen und im vorgeheizten Backofen bei 200 °C auf mittlerer Schiebeleiste 25 - 30 Minuten backen. Torte aus der Form lösen und auskühlen lassen. Mit der zweiten Teighälfte ebenso verfahren. Einen Tortenboden in die Springform geben. Für das **Erdbeergelee** Konfitüre mit Prosecco und Zucker pürieren, Agar Agar untergeben und in einem Topf 2 Minuten unter Rühren köcheln lassen. Abkühlen und vor dem Festwerden auf den Tortenboden geben. 1 Stunde in den Kühlschrank stellen. Für die **Erdbeercreme** Erdbeeren waschen und mit Puderzucker und Zitronensaft pürieren. Mit Agar Agar vermengen und in einem Topf unter ständigen Rühren 2 Minuten köcheln lassen. Etwas abkühlen lassen und die Sprühsahne unterheben. Die Hälfte der Creme auf das Erdbeergelee geben, den zweiten Tortenboden darauf setzen und mit der restliche Creme bestreichen. Für den **Erdbeerspiegel** Erdbeeren waschen, mit Prosecco und Fruchtzucker pürieren, Agar Agar untermischen und in einem Topf 2 Minuten unter Rühren köcheln lassen. Abkühlen und vor dem Gelieren die halbierten **Erdbeeren** darin tauchen und auf Packpapier fest werden lassen. Die restliche Fruchtmasse nochmals glattrühren und zügig auf die Erdbeercreme geben. Vor dem Gelieren die Erdbeeren darauf setzen. Für 1 Stunde in den Kühlschrank geben. Torte vorsichtig aus der Springform lösen und Rand mit **Sprühsahne** bestreichen. **Mandelblättchen** in einer beschichteten Pfanne ohne Fett bräunen und auf die Sahne streuen.

TEIG:

· 300 G UNIVERSAL WEIZENMEHL
· 175 G ZUCKER
· 1 PACKUNG WEINSTEINBACKPULVER
· 2 PACKUNGEN VANILLINZUCKER
· 200 ML VANILLESOJAJOGHURT
· 120 ML ÖL
· 100 ML WASSER

ERDBEERGELEE:

· 4 EL ERDBEERKONFITÜRE
· 1 EL ZUCKER
· 6 G AGAR AGAR
· 200 ML PROSECCO

ERDBEERCREME:

· 250 G ERDBEEREN
· 50 G PUDERZUCKER
· 1 TL ZITRONENSAFT
· 300 G SPRÜHSAHNE
· 10 G AGAR AGAR

ERBEERSPIEGEL:

· 150 G ERDBEEREN
· 200 ML PROSECCO
· 1 EL FRUCHTZUCKER
· 6 G AGAR AGAR
· 4 ERDBEEREN
· 200 G SPRÜHSAHNE
· 200 G MANDELBLÄTTCHEN

JOGHURTSAHNETORTE

16 CM DURCHMESSER

●

Mehl mit Backpulver sieben und mit den übrigen Zutaten rasch zu einem Teig verkneten. Teig in Alufolie wickeln und 1 Stunde im Kühlschrank rasten lassen. Auf einer bemehlten Arbeitsfläche den Teig ca. 1 cm dick ausrollen, **Tortenboden** darauf legen und mit einem scharfen Messer 2 Kreise ausschneiden. Tortenböden mehrmals mit einer Gabel anstechen, diese auf ein mit Backpapier ausgelegtes Backblech geben und im vorgeheizten Backofen bei 200 °C ca. 10 – 15 Minuten goldbraun backen. Einen der Böden noch heiß in 6 gleich große Teile schneiden und auskühlen lassen. **Sojajoghurt** über Nacht in Kaffeefilter geben und abtropfen lassen. Mit **Zucker**, Vanillinzucker und Zitronensaft verrühren. **Agar Agar** im Wasser auflösen und unter Rühren 2 Minuten köcheln lassen. Etwas abkühlen, mit dem Joghurt gut vermengen und Sprühsahne unterheben. Den ganzen Tortenboden in die Springform geben, mit der Joghurtmasse anfüllen und den geteilten Tortenboden vorsichtig darauf legen. Im Kühlschrank 6 Stunden kühlen, aus der Form nehmen und mit **Puderzucker** besieben.

TEIG:
· 260 G UNIVERSAL
  WEIZENMEHL
· 2 TL
  WEINSTEINBACKPULVER
· 1 PRISE SALZ
· 80 G ZUCKER
· 1 PACKUNG
  VANILLINZUCKER
· 2 TL ABGERIEBENE
  ZITRONENSCHALE
· 2 EL WASSER
· 2 EL SOJASAHNE
· 120 G
  HALBFETTMARGARINE

FÜLLE:
· 1000 G SOJAJOGHURT
· 250 G SPRÜHSAHNE
· 40 G ZUCKER
· 1 PACKUNG
  VANILLINZUCKER
· 30 ML ZITRONENSAFT
· 10 G AGAR AGAR
· 70 ML WASSER

KIWI-JOGHURTTARTE

24 CM DURCHMESSER

Alle **Zutaten** rasch zu einem Teig verarbeiten, in Alufolie wickeln und 1 Stunde im Kühlschrank rasten lassen. Teig ausrollen und in die Obstkuchenform legen. Boden mehrmals mit einer Gabel einstechen. Im vorgeheizten Backofen bei 200 °C 20 Minuten backen. Etwas auskühlen lassen und vorsichtig aus der Form nehmen. **Joghurt** über Nacht in Kaffeefilter geben und abtropfen lassen, mit **Zucker**, Zitronenschale und Zitronensaft verrühren. **Agar Agar** in Wasser auflösen und unter Rühren 2 Minuten köcheln lassen. Etwas abkühlen und in die Joghurtmasse einrühren. Sprühsahne unterheben, auf der Torte verteilen und 3 Stunden kühl stellen. **Kiwis** schälen, in Spalten schneiden und auf der Mitte der Tarte verteilen. **Mandelblättchen** in einer beschichteten Pfanne ohne Fett bräunen und auf die Tarte streuen. Bis zum Verzehr in den Kühlschrank geben.

TEIG:

· 175 G FEINES DINKELMEHL
· 70 G ZUCKER
· 50 G HASELNÜSSE
· 1 PRISE SALZ
· 100 G MARGARINE

JOGHURTCREME:

· 800 G SOJAJOGHURT
· 200 G SPRÜHSAHNE
· 30 G ZUCKER
· 1 EL ABGERIEBENE ZITRONENSCHALE
· 1 EL ZITRONENSAFT
· 10 G AGAR AGAR
· 100 ML WASSER

· 5 KIWIS
· 125 G MANDELBLÄTTCHEN

HEIDELBEERKUCHEN

24 CM DURCHMESSER

Mehl mit Backpulver versieben und mit den übrigen Zutaten (außer den Heidelbeeren) zu einem Teig verrühren. **Heidelbeeren** unterheben. Napfkuchenform mit Margarine ausfetten, bemehlen und mit dem Teig befüllen. Im vorgeheizten Backofen bei 200 °C auf der zweiten Schiebeleiste von unten auf dem Gitterrost 45 – 50 Minuten backen. Etwas abkühlen lassen, aus der Form nehmen und mit **Puderzucker** besieben.

· 1 BECHER (250 G) SOJAJOGHURT
· 1 BECHER ZUCKER
· 2 BECHER FEINES DINKELMEHL
· ½ BECHER SONNENBLUMENÖL
· ½ PACKUNG WEINSTEINBACKPULVER
· 1 PACKUNG VANILLINZUCKER
· 2 EL SPRUDELWASSER
· 1 EL ABGERIEBENE ZITRONENSCHALE
· 125 G HEIDELBEEREN
· ETWAS MARGARINE FÜR DIE FORM
· ETWAS PUDERZUCKER ZUM BESTREUEN

SCHOKOLADEN BLECHKUCHEN

Margarine mit Zucker und Vanillinzucker schaumig rühren. **Mehl** mit Backpulver und Salz sieben und mit dem Kakao und der Sojamilch unter die Zuckermasse rühren. Mit dem kochenden Wasser vermengen. Ein tiefes Backblech mit Backpapier auslegen, die Masse gleichmäßig darauf verteilen und glatt streichen. Im vorgeheizten Backofen bei 200 °C auf mittlerer Schiebeleiste 30 Minuten backen. Für die **Ganache** den Fruchtzucker mit dem Wasser kurz aufkochen, Sojasahne in einem anderen Topf unter Rühren ebenso aufkochen, vom Herd nehmen und unter Rühren die zerkleinerte Schokolade darin schmelzen lassen. **Zuckerwasser** dazugeben und alles gut mit einem Schneebesen verrühren. Ganache über den Blechkuchen zügig verteilen und mit **Nüssen** und / oder Kokosette bestreuen.

TEIG:

· 420 G SEHR FEINES DINKELMEHL
· 1 PACKUNG WEINSTEINBACKPULVER
· 200 G VOLLROHRZUCKER
· 5 VANILLINZUCKER
· 220 G WEICHE MARGARINE
· 220 ML SOJAMILCH
· 1 PRISE SALZ
· 30 G KAKAO
· 200 ML KOCHENDES WASSER

GANACHE:

· 250 G DUNKLE SCHOKOLADE
· 250 ML SOJASAHNE
· 40 G FRUCHTZUCKER
· 20 ML WASSER

· 125 G GEHACKTE MANDELN
· 125 G KOKOSETTE

MARMOR KUCHEN

Margarine mit Zucker, Safran, Zitronensaft und Zitronenschale schaumig rühren. **Sojamilch** und Sprudelwasser nach und nach dazugeben. **Dinkelmehl**, Maisstärke und Backpulver darüber sieben und unter die Zitronenmasse rühren. Kuchenform mit Margarine ausfetten und mit Semmelbröseln ausstreuen. Die Hälfte des Teiges portionsweise mit einem Esslöffel in die Form geben. **Kakao** und 1 EL Sprudelwasser mit dem Rest des Teiges vermengen und diesen ebenfalls in die Form geben. Im vorgeheizten Backofen bei 180 °C auf der zweiten Schiebeleiste von unten ca. 60 Minuten backen (kleine Förmchen ca. 25 – 30 Minuten). Der Kuchen ist durch, wenn bei der Stäbchenprobe (mit einem Holzspieß in den Kuchen stechen) kein Teig mehr daran haften bleibt. Den warmen Kuchen auf ein Kuchengitter stürzen, auskühlen lassen und mit Puderzucker besieben.

TIPP: Man kann anstelle des Kakaos auch geriebene Schokolade zum ganzen Teig dazugeben (Stracciatella) oder einfach mehr Zitronensaft und Zitronenschale.

- 300 G FEINES DINKELMEHL
- 100 G MAISSTÄRKE
- 1 PACKUNG WEINSTEINBACKPULVER
- 200 G WEICHE MARGARINE
- 200 G ZUCKER
- 1 MESSERSPITZE SAFRAN
- 150 ML SOJAMILCH
- 200 ML SPRUDELWASSER
- 1 EL ZITRONENSAFT
- ABGERIEBENE SCHALE VON ½ ZITRONE
- 1 EL KAKAO
- 1 EL SPRUDELWASSER
- 3 EL SEMMELBRÖSEL FÜR DIE FORM
- ETWAS PUDERZUCKER ZUM BESIEBEN

 APFEL STRUDEL

2 STÜCK

Mehl auf Arbeitsfläche sieben, Öl und Wasser dazugeben und gut verkneten. Den Teig immer wieder auf die Arbeitsfläche schlagen, damit er schön geschmeidig wird. Kugel daraus formen, diese mit etwas Öl bestreichen und 30 Minuten unter einem warmen Kochtopf ruhen lassen. Äpfel schälen, entkernen, in dünne Scheiben schneiden und mit Zitronensaft und Rum vermengen. Semmelbrösel in einer Pfanne leicht bräunen, Zucker und Zimt dazugeben und etwas auskühlen lassen, bevor man sie zu den Äpfeln gibt. Anschließend Teig halbieren und auf ein bemehltes Geschirrtuch geben. Teig vorsichtig ziehen (Dinkelmehl reißt leicht!) bis er die gewünschte Größe (ca. 40 x 40 cm) hat und Ränder wegschneiden. Auf das obere Drittel die Hälfte der Fülle verteilen, die Seiten einschlagen und den Teig mit Hilfe des Geschirrtuches vorsichtig nach unten rollen. Auf ein mit Packpapier ausgelegtes Backblech legen, mit zerlassener Margarine bestreichen und mit etwas Zucker bestreuen. Mit dem zweiten Teig ebenso verfahren. Im vorgeheizten Backofen bei 180 °C ca. 30 Minuten auf mittlerer Schiebeleiste backen. Nach dem Herausnehmen etwas abkühlen lassen und vor dem Servieren mit Puderzucker besieben.

TIPP: Man kann anstelle der Äpfel auch Aprikosen oder Pflaumen nehmen.

TEIG:
· 250 G FEINES WEIZEN- ODER DINKELMEHL
· 125 ML LAUWARMES WASSER
· 2 EL MAISKEIMÖL
· 1 PRISE SALZ

FÜLLE:
· 1 KG SÜSS/SÄUERLICHE ÄPFEL
· 2 EL RUM
· 2 EL ZITRONENSAFT
· 100 G SEMMELBRÖSEL
· 2 – 3 EL ZUCKER
· 1 TL ZIMT

· 50 G ZERLASSENE MARGARINE ZUM BESTREICHEN
· ETWAS PUDERZUCKER ZUM BESIEBEN

KÄSEKUCHEN

16 CM DURCHMESSER

TEIG:
- 150 G FEINES DINKELMEHL
- 50 G ZUCKER
- 100 G KALTE MARGARINE
- 1 TL ABGERIEBENE ZITRONENSCHALE
- 1 PRISE SALZ

FÜLLE:
- 500 G SOJAJOGHURT
- 100 ML REISMILCH
- 1 PACKUNG VANILLEPUDDINGPULVER
- 100 G MARGARINE
- 100 G FRUCHTZUCKER
- 1 TL COINTREAU
- 1 EL ORANGENSAFT
- 1 TL ABGERIEBENE ORANGENSCHALE
- 1 PRISE SALZ

Für die Fülle **Sojajoghurt** über Nacht in Kaffeefiltern abrinnen lassen. Für den Teig alle Zutaten zu einem **Mürbteig** verkneten, in Folie wickeln und 1 Stunde im Kühlschrank rasten lassen. Auf einer bemehlten Arbeitsfläche den Teig ausrollen und in die befettete und bemehlte Springform einlegen. Dabei Teig am Rand hochziehen, mehrmals mit einer Gabel einstechen und im vorgeheizten Backofen bei 160 °C Umluft 15 Minuten auf mittlerer Schiebeleiste vorbacken. Für die Fülle **Margarine** mit Zucker schaumig rühren, langsam Joghurt und Puddingpulver einrühren und mit Orangensaft, Orangenschale, Cointreau und Salz glatt rühren. Auf den vorgebackenen Mürbteig gießen und weitere 45 Minuten bei 160 °C Umluft fertig backen. Mindestens 1 Stunde in der Form auskühlen lassen!

BROT & GEBÄCK

BIERBRÖTCHEN

CA. 25 STÜCK ODER 1 GROSSES KASTENBROT

Mehle, Backpulver, Salz und Kürbiskerne mischen. **Wasser** und **Bier** beifügen und alles mit einem Rührlöffel gut vermengen. Mit einem Esslöffel portionsweise 25 Brötchen abstechen und diese auf ein mit Backpapier belegtes Backblech geben. Im vorgeheizten Backofen bei 200 °C auf der mittleren Schiebeleiste ca. 20 – 25 Minuten backen.

TIPP: Man kann den Teig auch in einer befetteten und bemehlten großen Kastenform auf der zweiten Schiebeleiste bei 200 °C ca. 60 – 70 Minuten backen.

- 400 G ROGGENVOLLMEHL
- 400 G DINKELVOLLMEHL
- 1 PACKUNG WEINSTEINBACKPULVER
- 2 TL SALZ
- 1 FLASCHE BIER
- 300 ML WASSER
- 3 EL KÜRBISKERNE

ROGGENBROT

1 STÜCK

Mehl mit Hefe, Sauerteig, Salz, Agavensirup und Gewürzen mischen. **Wasser** beimengen und alles miteinander gut verkneten. Teig in eine Schüssel geben, mit einem Tuch bedecken und an einem warmen Ort ca. 2 Stunden ruhen lassen. Teig erneut gut durchkneten und einen nicht zu hohen Laib formen. **Brot** auf ein mit Backpapier belegtes Backblech legen, kreuzweise einschneiden, mit Wasser bestreichen und nochmals 1 Stunde zugedeckt gehen lassen. Im vorgeheizten Backofen auf mittlerer Schiebeleiste ca. 70-80 Minuten bei 200°C backen. Während der Backzeit Brot mehrmals mit Wasser bestreichen, damit es nicht reißt.

- 1000 G ROGGENMEHL
- 1 PACKUNG SAUERTEIG
- 1 PACKUNG TROCKENHEFE
- 700 ML LAUWARMES WASSER
- 2 TL SALZ
- 1 TL AGAVENSIRUP
- 1 TL FENCHEL
- 1 TL ANIS
- 1 TL GEMAHLENER KÜMMEL

KARTOFFELBROT

1 STÜCK

Alle **Zutaten** miteinander vermengen und gut durchkneten. Teig in eine Schüssel geben, mit einem Tuch bedecken und an einem warmen Ort ca. 1 Stunde gehen lassen. Teig erneut kneten und einen Laib formen. Brot auf ein mit Backpapier ausgelegtes Backblech geben und nochmals eine halbe Stunde zugedeckt gehen lassen. Im vorgeheizten Rohr bei 200 °C ca. 45 Minuten backen.

- 500 G HARTWEIZENMEHL
- 250 G GEKOCHTE, GEPRESSTE KARTOFFELN
- 1 PACKUNG TROCKENHEFE
- 3 TL SALZ
- 300 ML LAUWARMES WASSER

DINKELBROT

1 STÜCK

Mehl mit Trockenhefe, Leinsamen und Salz vermengen. **Öl** und Wasser beifügen. Alles zu einem Teig verkneten und zugedeckt in einer Schüssel an einem warmen Ort 1 Stunde gehen lassen. Teig erneut bearbeiten und in eine befettete und bemehlte Kastenform geben. Nochmals zugedeckt eine halbe Stunde ruhen lassen. Im vorgeheizten Backofen bei 200 °C auf der 2. Schiebeleiste von unten ca. 60 – 70 Minuten backen.

- 500 G FEINES DINKELMEHL
- 1 PACKUNG TROCKENHEFE
- 60 ML OLIVENÖL
- 300 ML LAUWARMES WASSER
- 2 TL SALZ
- 3 EL LEINSAMEN

MEHRKORN-KNÄCKEBROT

2 BLECHE

●

Alle **Zutaten** in eine Schüssel geben und quellen lassen. Zwei Backbleche mit Backpapier auslegen und die relativ flüssige Masse dünn ausstreichen. Backrohr auf 170 °C vorheizen und das erste Blech ca. 15 Minuten auf mittlerer Schiebeleiste vorbacken. Dann wieder heraus nehmen und den Teig in gewünschte Formen schneiden. Erneut ca. 45 Minuten fertig backen. Mit dem zweiten Blech ebenso verfahren.

- 120 G FEINES DINKELMEHL
- 120 G DINKELFLOCKEN
- 200 G KERNEMIX
- ½ TL SALZ
- 2 EL SONNENBLUMENÖL
- 500 ML WASSER

TIPP: Unverschlossen aufbewahren, sonst wird das Knäckebrot weich!

VOLLWEIZENBRÖTCHEN

CA. 15 STÜCK

●

Alle **Zutaten** miteinander verkneten. Falls der Teig zu fest ist, etwas Wasser dazugeben. Zugedeckt in einer Schüssel an einem warmen Ort 1 Stunde gehen lassen. Auf einer bemehlten Arbeitsfläche eine Rolle formen, 15 Stück abschneiden und daraus verschiedene Gebäckstücke formen. Vorsichtig auf ein mit Backpapier ausgelegtes Backblech geben, mit etwas Wasser bestreichen und mit verschiedenen **Kernen** bestreuen. Nochmals zugedeckt 20 Minuten gehen lassen, bevor diese im vorgeheizten Backrohr bei 200 °C ca. 20 – 25 Minuten gebacken werden. Wichtig: Gefäß mit Wasser auf den Boden des Backofens stellen.

- 500 G WEIZENVOLLMEHL
- 1 PACKUNG TROCKENHEFE
- 1 ½ TL SALZ
- 2 EL ÖL
- 3 EL GESCHROTETER LEINSAMEN
- 1 TL KÜMMEL
- 1 TL FENCHEL
- 1 TL ANIS
- 250 ML REISMILCH
- 100 ML REISSAHNE

BROT & GEBÄCK

WEIZEN SCHROT BRÖTCHEN

CA. 15 STÜCK

●

Alle **Zutaten** miteinander mischen und zu einem Teig verkneten. In einer Schüssel zugedeckt an einem warmen Ort 1 Stunde gehen lassen. Teig nochmals durchkneten, in 15 Stücke schneiden und Brötchen daraus formen. Die Brötchen auf das mit Backpapier ausgelegte Backblech geben, mit **Wasser** bestreichen und mit Schrot bestreuen. Nochmals 20 Minuten zugedeckt gehen lassen, bevor sie im vorgeheizten Backofen bei 200 °C auf der mittleren Schiebeleiste ca. 25 – 30 Minuten gebacken werden.

· 400 G WEIZENVOLLMEHL
· 100 G FEINER WEIZENSCHROT
· 1 TL AGAVENSIRUP
· 125 ML LAUWARME SOJAMILCH
· 125 ML LAUWARMES WASSER
· 2 TL SALZ
· 1 TL ANIS
· 2 PACKUNGEN TROCKENHEFE
· 2 EL WEIZENSCHROT ZUM BESTREUEN

DINKELBRÖTCHEN

●

Alle **Zutaten** vermengen und auf einer bemehlten Arbeitsfläche gut abkneten. Teig in eine Schüssel geben und zugedeckt an einem warmen Ort 30 Minuten gehen lassen. Danach nochmals durchkneten, 15 Teile abschneiden, Brötchen formen und sie auf ein mit Backpapier ausgelegtes Backblech legen. Brötchen einschneiden, mit **Wasser** bestreichen und mit **Kernen** bestreuen. Nochmals 30 Minuten gehen lassen und im vorgeheizten Backofen bei 200 °C auf mittlerer Schiebeleiste 20 Minuten backen.

· 500 G DINKELVOLLMEHL
· 2 TL SALZ
· 1 TL VOLLROHRZUCKER
· 1 PACKUNG TROCKENHEFE
· 80 G ZERLASSENE MARGARINE
· 375 ML LAUWARME SOJAMILCH
· 3 EL KERNEMIX ZUM BESTREUEN

HERZ HAFTES & PIKANTES

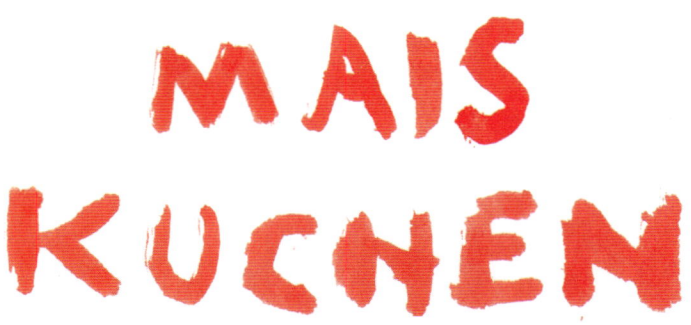

MAIS KUCHEN

1 STÜCK (28 CM DURCHMESSER)

TEIG:

· 200 G MAISMEHL
· 100 G WEIZENVOLLMEHL
· 1TL WEINSTEINBACKPULVER
· 1 TL TROCKENHEFE
· 125 ML LAUWARMES WASSER
· 3 EL ZITRONENSAFT
· 2 EL MAISKEIMÖL
· 1 TL SALZ
· ½ TL ZUCKER
· 150 G MAISKÖRNER (DOSE)

BELAG:

· 1 STANGE LAUCH
· ½ ROTER PAPRIKA
· ½ GELBER PAPRIKA
· 2 EL MAISKEIMÖL
· SALZ, PFEFFER
· 1 HANDVOLL GEMISCHTE KRÄUTER
· 100 G VEGGI CHEESE (CHEDDAR-GESCHMACK NATUR)

Mehle mit Backpulver und Hefe mischen und mit **Wasser**, Zitronensaft, 2 EL Öl, Salz und Zucker verkneten. Teig in einer Schüssel zugedeckt an einem warmen Ort ca. 1 Stunde gehen lassen. Teig nochmals durchkneten, die **Maiskörner** einarbeiten, rund ausrollen und in die mit Margarine gefettete Tarteform geben. **Lauch** und Paprika in Ringe schneiden, Kräuter grob hacken und alles in 2 EL Öl kurz anbraten. Auf den Teig geben und den **Käse d**arüber bröseln. Im vorgeheizten Backofen den Kuchen bei 200 °C ca. 30 Minuten auf mittlerer Schiebeleiste backen.

ZUCCHINI-ZWIEBELWÄHE

1 STÜCK (28 CM DURCHMESSER)

TEIG:

· 300 G WEIZENVOLLMEHL
· 1 EL VOLLSOJAMEHL
· 1 PACKUNG TROCKENHEFE
· 1 TL AGAVENSIRUP
· 150 ML LAUWARMES WASSER
· 4 EL OLIVENÖL
· 1 TL SALZ

BELAG:

· 300 G ROTE ZWIEBEL
· 250 G ZUCCHINI
· 100 G SCHWARZE OLIVEN
· 400 G SOJASAHNE
· 2 EL OLIVENÖL
· 1 TL ROSMARIN
· 1 TL BASILIKUM
· SALZ, CAYENNEPFEFFER

Mehle mit Trockenhefe, Salz und Agavensirup mischen und mit Öl und Wasser zu einem Teig verkneten. In einer Schüssel zugedeckt 30 Minuten an einem warmen Ort gehen lassen. Teig ausrollen, die befettete Tarteform damit auskleiden und nochmals 10 Minuten zugedeckt gehen lassen. **Zwiebeln** in Ringe und Zucchini in Scheiben schneiden, Oliven entkernen und mit den Kräutern grob hacken. Alles im **Olivenöl** kurz anbraten und auf dem Teigboden verteilen. **Sahne** mit Salz und Pfeffer verrühren und gleichmäßig über dem Belag verteilen. Im vorgeheizten Backofen bei 180°C auf mittlerer Schiebeleiste ca. 50 Minuten backen. Mit **Kräutern** und Oliven dekorieren.

FLAMM KUCHEN

Mehl, Trockenhefe und Salz mischen, nach und nach mit handwarmen Wasser verkneten. An einem warmen Ort zugedeckt in einer Schüssel ca. 2 Stunden gehen lassen. Teig durchkneten, ca. ½ cm dick ausrollen, auf ein mit Packpapier ausgelegtes Backblech legen und mit einer Gabel mehrmals einstechen. Teig bei 230°C ca. 5 Minuten auf mittlerer Schiebeleiste vorbacken. Wieder herausnehmen und **Hafersahne** darauf dünn verteilen. **Tomaten**, Zwiebel, Oliven und Kapern klein würfelig schneiden und gut vermengen. **Knoblauch** und Kräuter fein hacken und dazu geben, mit Salz und Pfeffer abschmecken. Alles gleichmäßig auf dem Flammkuchen verteilen und diesen 10 -15 Minuten auf der 2. Schiebeleiste von unten backen. Am Schluss direkt unter dem Grill einige Minuten „abflammen", bis die ersten Zwiebel dunkel werden. Sofort in Stücke schneiden und servieren.

TEIG:
· 400 G FEINES DINKELMEHL
· 200-250 ML HANDWARMES WASSER
· 1 PACKUNG TROCKENHEFE
· 2 TL SALZ

BELAG:
· 125 G HAFERSAHNE
· 260 G TOMATEN
· 80 G ZWIEBEL
· 100 G SCHWARZE OLIVEN
· 80 G KAPERN
· 4 KNOBLAUCHZEHEN
· 1 HANDVOLL ITALIENISCHE KRÄUTER (BASILIKUM, OREGANO, ROSMARIN)
· SALZ, PFEFFER

GEFÜLLTE TEIGTASCHEN

6 STÜCK

●

Sojajoghurt im Kaffeefilter einige Stunden abrinnen lassen. **Mehl** mit Backpulver sieben und mit den übrigen Zutaten und dem Joghurt zu einem glatten Teig kneten. Auf einer bemehlten Arbeitsfläche ½ cm dick ausrollen und mit einem Glas Kreise von 10 cm Durchmesser ausstechen. Zwiebel und Knoblauch fein schneiden, im Öl anbraten, Spinat dazugeben und kurz dünsten lassen. Die dabei entstandene Flüssigkeit abgießen. Den fein gewürfelten **Räuchertofu** mit den Kräutern unterrühren und die Masse mit Salz und Pfeffer abschmecken. Fülle etwas auskühlen lassen, auf den Teigkreisen verteilen und zu Taschen zusammen klappen. Ränder mit einer Gabel festdrücken und die Taschen mit **Sojasahne** bestreichen. Teigtaschen auf ein mit Backpapier ausgelegtes Backblech geben und im vorgeheizten Backofen bei 200 °C ca. 20 Minuten backen. Heiß servieren.

TEIG:
· 250 G FEINES WEIZENMEHL
· 150 G SOJAJOGHURT
· 150 G WEICHE MARGARINE
· 2 TL WEINSTEINBACKPULVER
· 1 TL SALZ
· 2-3 EL SOJAMILCH

FÜLLE:
· 200 G BLATTSPINAT (TIEFGEKÜHLT)
· 1 KLEINE ZWIEBEL
· 3 KNOBLAUCHZEHEN
· 125 G RÄUCHERTOFU
· 1 EL GEMISCHTE, GEHACKTE KRÄUTER
· 2 EL ÖL
· SALZ, PFEFFER

· ETWAS SOJASAHNE ZUM BESTREICHEN

FRÜHLINGSROLLEN

9 STÜCK

●

Frühlingszwiebel waschen, in feine Ringe schneiden und in einer Pfanne mit Öl anschwitzen. **Karotten** schälen und stifteln. **Ingwer** schälen und fein hacken. **Bambussprossen**, Sojasprossen, Karotten und Ingwer zu den Frühlingszwiebeln geben und kurz anbraten. Mit Sojasauce, Sweet Chillisauce und Korianderpulver würzen. Fülle abkühlen lassen. **Strudelteig** nach Rezept zubereiten, halbieren und auf einem bemehlten Tuch auf gewünschte Größe ziehen. Ränder wegschneiden. Diesen dann mit etwas Öl bestreichen und den zweiten ausgezogenen Teig darauf legen. Teig in 9 gleich große Rechtecke (15 x 12 cm) schneiden. Die ausgekühlte Masse auf die Mitte der Rechtecke geben, Seiten einschlagen und rollen. Mit etwas Öl verschließen, vorsichtig auf ein mit Backpapier ausgelegtes Backblech legen und mit Öl bestreichen. Backrohr auf 200 °C vorheizen und die Frühlingsrollen auf der mittleren Schiebeleiste ca. 15 – 20 Minuten backen. Heiß servieren mit etwas Sojasauce.

· STRUDELTEIG (REZEPT S. 66, DAVON HALBE MASSE)

FÜLLE:
· 50 G BAMBUSSPROSSEN
· 80 G SOJASPROSSEN
· 80 G KAROTTEN
· 50 G FRÜHLINGSZWIEBEL
· 10 G INGWER
· 2 EL MAISKEIMÖL
· 1 EL SOJASAUCE
· ETWAS SWEET CHILLISAUCE
· ETWAS KORIANDERPULVER

MÜRBES KNABBERGEBÄCK

●

Mehl, Margarine, Salz, Natron und Wasser rasch zu einem glatten Teig verkneten und in 4 gleich große Teile portionieren. **Wasabinüsse**, Erdnüsse und Pistazien getrennt hacken und jeweils mit einer Teigportion gut verkneten. **Meerrettich** fein reiben mit Sojasahne vermengen und unter die 4. Portion kneten. Teige jeweils in Alufolie wickeln und 1 Stunde im Kühlschrank rasten lassen. Auf einer bemehlten Arbeitsfläche die Teige nacheinander dünn ausrollen und kleine Plätzchen ausstechen. Für den Meerrettichteig eine kleine runde Form verwenden. Die Plätzchen mit **Sojasahne** bestreichen und auf ein mit Backpapier ausgelegtes Backblech legen. Im vorgeheizten Backofen bei 200 °C ca. 10- 15 Minuten auf mittlerer Schiebeleisten backen. **Avocado** der Länge nach halbieren, den Stein entfernen und mit einem Löffel das Fruchtfleisch in ein hohes Gefäß geben. Mit Salz, Pfeffer und Zitronensaft vermengen und mit dem Pürierstab zu einer cremigen Masse aufschlagen. In den Dressiersack füllen und kleine Rosetten auf die Meerrettichplätzchen spritzen.

· 250 G SEHR FEINES DINKELMEHL
· 125 G KALTE MARGARINE
· 3 EL EISKALTES WASSER
· ½ TL SALZ
· 1 MESSERSPITZE NATRON

· 10 G WASABINÜSSE
· 10 G GESALZENE ERDNÜSSE
· 10 G GESCHÄLTE PISTAZIEN
· 1 EL GERIEBENER MEERRETTICH
· 1 TL SOJASAHNE

AVOCADOTOPPING:
· 1 AVOCADO
· 1 TL ZITRONENSAFT
· SALZ, PFEFFER
· ETWAS SOJASAHNE ZUM BESTREICHEN

KÜMMELCRACKER

CA. 60 TALER

Alle **Zutaten** gut mischen und zu einem geschmeidigen Teig verkneten. Diesen auf Backpapier dünn ausrollen, mit einer Keksform Taler ausstechen und diese mit einer Gabel mehrmals einstechen. Auf ein mit Backpapier ausgelegtes Backblechen legen und ca. 20 Minuten auf mittlerer Schiebeleiste bei 220 °C backen.

TIPP: Unverschlossen aufbewahren, sonst werden die Kümmelcracker weich!

- 150 G WEIZENVOLLMEHL
- 150 G DINKELVOLLMEHL
- 10 G KÜMMEL
- 20 G SESAM
- 30 G MARGARINE
- 200 ML SOJAMILCH
- 1 MESSERSPITZE WEINSTEINBACKPULVER
- 1 TL SALZ

GRISSINI

CA. 30 STÜCK

Mehl, Hefe, Salz und Zucker mischen und mit Öl und Wasser verkneten. Teig zugedeckt in einer Schüssel an einem warmen Ort eine Stunde gehen lassen. Teig auf einer bemehlten Arbeitsfläche 2 cm dick ausrollen, in 10 cm lange Streifen schneiden und diese zu 20 cm langen Rollen formen. **Grissini** auf ein mit Backpapier ausgelegtes Backblech geben, nochmals 10 Minuten zugedeckt gehen lassen, mit **Sojamilch** bepinseln und mit **Sesam** bestreuen. Im vorgeheizten Backofen auf der oberen Schiene bei 220 °C 10 – 15 Minuten goldgelb backen.

- 250 G SEHR FEINES DINKELMEHL
- ½ TL SALZ
- ½ TL ZUCKER
- 1 PACKUNG TROCKENHEFE
- 3 EL MAISKEIMÖL
- 150 ML LAUWARMES WASSER
- ETWAS SOJAMILCH ZUM BESTREICHEN
- ETWAS SESAM ZUM BESTREUEN

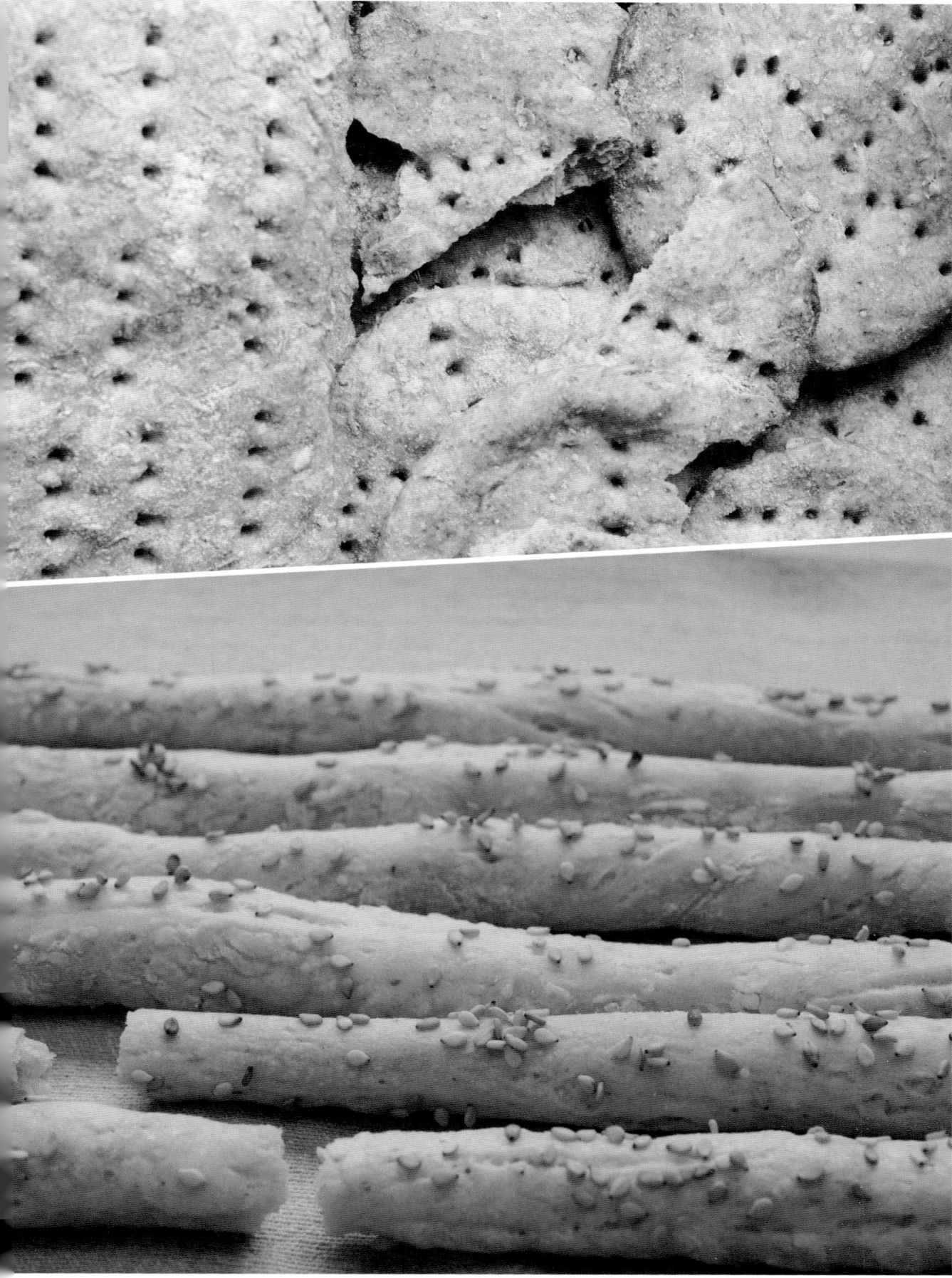

REGISTER

IMPRESSUM

© Neun Zehn Verlag Walter Unterweger
Kreuzstraße 21, 13187 Berlin - Germany
www.neunzehn-verlag.de

1. Auflage 2012
ISBN 978-394-249-11-74
Printed 2012

Photographie: all images © Arnold Pöschl
www.arnoldpoeschl.com

Text und Arrangement: Kristina Unterweger
Gestaltung: Jannis Schulze